LES JURÉS

DE

L'ACTION D'INJURES

PAR

P. F. GIRARD

PROFESSEUR A LA FACULTÉ DE DROIT
DE L'UNIVERSITÉ DE PARIS

Extrait des *MÉLANGES GÉRARDIN*

LIBRAIRIE
DE LA SOCIÉTÉ DU RECUEIL J.-B. SIREY & DU JOURNAL DU PALAIS
Ancienne Maison L. LAROSE et FORCEL
22, *rue Soufflot*, *PARIS*, 5e *arrdt*
L. LAROSE & L. TENIN, Directeurs

1907

LES JURÉS

DE

L'ACTION D'INJURES

La théorie de la formation historique du système de l'action d'injures est certainement une de celles qui ont le plus profité dans les dernières années des méthodes modernes de classement chronologique des textes.

Le délit d'injures apparaissait encore à tous il y a trente ans comme une offense à la personne d'autrui, dont la répression avait pu changer et le domaine s'élargir un peu avec le temps, mais dont la notion essentielle n'avait pas sensiblement varié des XII Tables à Justinien. C'est au contraire cette notion même que l'on sait aujourd'hui s'être radicalement transformée en passant de l'idée de voie de fait à celle d'outrage, par une évolution qui s'enferme entre le dernier siècle de la République et le second siècle du Principat, dans les deux cent cinquante ans environ qui séparent l'introduction de la procédure formulaire et la codification de l'édit, et dont on peut trouver toutes les phases marquées et datées dans les sources (1) : d'abord le système des XII

(1) Indications forcément sommaires dans notre *Manuel élémentaire de droit romain*, 4e éd., 1906, pp. 398-401. L'idée que les divers édits correspondent à un développement progressif est déjà dans Huschke, *Gaius*, 1855, p. 158, et dans Landsberg, *Injuria und Beleidigung* 1886, p. 35. Mais l'impulsion aux études modernes nous paraît avoir été donnée par Pernice, *Labeo*, 2, 1, 2e éd., 1895, pp. 19-47 et en particulier, pp. 22-26. Nous cite-

Tables frappant de peines fixes les différentes injures qui sont uniquement des violences matérielles; — ensuite l'édit prétorien remplaçant pour les mêmes injures les peines fixes des XII Tables par une amende évaluée par des jurés multiples, d'abord sans doute dans les procès où figurent les pérégrins, puis, entre l'introduction de la procédure formulaire et l'époque de la dictature de Sulla, dans les procès entre citoyens (1); — ensuite, toujours entre l'introduction de la

rons surtout dans la littérature postérieure, H. F. Hitzig, *Injuria*, 1899 et *Schweitzerische Zeitschrift f. Strafrecht*, 13, 1900, pp. 220-222; Th. Mommsen, *Römisches Strafrecht*, 1899, pp. 784-808; Karlowa, *Römische Rechtsgeschichte*, 2, 1901, pp. 1328-1335; C. Ferrini, *Diritto penale romano* (extrait de l'*Enciclopedia del diritto penale italiano* publiée par E. Pessina), 1902, pp. 231-241; Leonhardt, *Der Schütz der Ehre im alten Rom*, 1902; P. Huvelin, *Mélanges Ch. Appleton*, 1903, pp. 371-499; R. Maschke, *Die Persönlichkeitsrechte des römischen Injuriensystems*, 1903; B. Kuebler, *Zeitschrift der Savigny-Stiftung*, 25, 1904, pp. 441-449.

(1) Édit cité par Labéon dans Aulu-Gelle, 20, 1, 13 (p. 262, n. 1). L'introduction de l'action d'injures estimatoire par le préteur pérégrin est rendue très vraisemblable par les ressemblances relevées par Hitzig, pp. 60-72, entre elle et la δίκη αἰκίας du droit hellénique qui était le droit national d'une notable portion des justiciables du préteur des étrangers. Elle nous paraîtrait sûre, si l'existence de l'action était prouvée antérieurement à la loi Aebutia, avant laquelle il ne pouvait y avoir d'actions prétoriennes entre citoyens et qui se place, à notre sens, entre l'an 605 et l'an 628 de Rome, dans le premier tiers du VIIe siècle de la ville. Mais nous hésitons encore à considérer la preuve comme obtenue. Une mention qu'on avait cru trouver, à la première lecture, à la ligne 50 du sénatusconsulte de Thisbé de l'an 584, a disparu de son texte définitif (v. Foucart, *Mémoires de l'Acad. des Inscr.*, 37, 2, 1906, pp. 311 pour le texte et 339-341 pour le commentaire). Une allusion qu'on a signalée dans Plaute, *Asinaria*, 2, 2, 104, n'y est qu'à condition d'isoler le vers de ce qui le précède et de ce qui le suit. A la vérité, un témoignage nouveau beaucoup plus frappant a été découvert par M. Partsch, *Schriftformel in römischen Provinzialprozesse*, 1905, pp. 26-42, dans le titre de Magnésie relatif à une contestation entre Magnésie et Priene tranchée sur l'invitation du Sénat romain par Mylasa à une époque plus ou moins voisine de l'année 564 où la ville de Magnésie entra dans l'amitié du peuple romain, Dittenberger, *Sylloge inscriptionum Graecarum*, 2, 2e éd., 1900, n° 928; car le préteur M. Aemilius M. f. semble bien y être représenté comme parlant de l'action d'injures estimatoire *in bonum et*

procédure formulaire et l'époque de la dictature de Sulla, l'édit frappant, comme délit distinct, d'une amende évaluée de la même façon, le *convicium*, l'outrage par paroles, commis en bande ou en public (1) ; — ensuite encore sans doute, l'édit *de adtemptata pudicitia*, punissant de la même façon les obsessions inconvenantes envers une femme ou un jeune homme(2); — puis, en vertu d'une notion nouvelle ramenant à

aequum concepta par les mots des lignes 59-60 : Εἰ γεγο[νότ]α εἰσὶν ὑπὸ Μαγνήτων, ὅσον ἂν καλὸν καὶ δίκαιον φαίνηται διατιμησάσθω, et sa préture ne nous paraît pas pouvoir être postérieure au début du VIIe siècle — (M. Chapot, *La province romaine proconsulaire d'Asie*, 1904, p. 8, dit avec raison que l'identité de M. Aemilius est encore ignorée : on ne peut l'identifier, comme fait dubitativement M. Partsch, p. 51, n. 3 avec le consul de 596 = 158 (et non 153) avant J.-C. cité chez Drumann-Groebe, *Geschichte Roms*, 2, 2e éd., 1899, p. 400; car le consul s'appelle *M'. f.* et notre préteur *M. f.*; on ne peut pas davantage le placer avec M. G. Colin, *Rome et la Grèce de 200 à 140 avant J. C.*, 1900, p. 509, n. 2, en l'an 611 = 143 avant J.-C. en partant du texte de Frontin, *De aquis*, 1, 7, sur la communication des *decemviri sacris faciundis* relative à l'*aqua Marcia* où M. Colin lit : *M. Lepido pro collega verba faciente* et où il entend ces mots du collègue de Q. Marcius Rex, le préteur urbain de 610, prorogé en 611, qu'il regarde, avec de vieilles éditions, comme ayant été préteur pérégrin; car, outre que ce préteur viendrait bien tard pour être identifié avec celui de notre sénatus-consulte, on corrige ordinairement et vraisemblablement *pro collega* en *pro collegio* en considérant M. Lepidus comme le decemvir porteur de la communication du collège. Tout ce qu'on peut donc faire, c'est d'enfermer sa préture entre des dates extrêmes fournies par le titre. A ce point de vue, M. Partsch, qui note du reste que le renvoi fait à l'état de choses existant en 564 ne permet pas de trop s'éloigner de cette époque, place le sénatus-consulte entre l'an 564 et l'an 594, à cause du sens dans lequel il lui semble avoir pris le terme *habere;* à notre avis, l'absence de M. Aemilius M. f. dans les listes du Tite-Live qui s'arrêtent en 587 ne permet guère de placer sa préture avant 588, mais elle ne peut, par suite du renvoi à l'état des choses de 564, être postérieure de beaucoup plus d'une trentaine d'années à 564). — Pourtant il reste peut-être un doute, tenant, d'une part, à la ressemblance du droit grec et du droit prétorien en matière d'injure et, d'autre part, au point de savoir si c'est le droit romain ou le droit grec qui est appliqué dans les litiges entre villes grecques.

(1) V. les pp. 262, n. 3 et 269 et ss.

(2) L'édit *de adtemptata pudicitia* est, nous semble-t-il, évidemment antérieur à l'édit sur l'*infamatio* qui l'eût rendu superflu.

l'idée d'injure tout outrage, qu'il résulte de violences matérielles ou de *convicium*, d'après une première doctrine, d'après une autre doctrine plus tard, qu'il atteigne le corps par des coups, les oreilles par le *convicium* ou la vie par une turpitude quelconque (1), un quatrième édit, l'édit *ne quid infamandi causa fiat*, postérieur aux trois premiers, puisqu'il les aurait rendus superflus, mais encore antérieur à la dictature de Sulla, car la seconde définition qui en suppose l'existence, est dans un ouvrage écrit avant cette dictature (2) ; — ensuite la loi Cornelia *de injuriis* qui distrait de ce domaine certains faits graves (*pulsare, verberare, vi domum introire*) (3), pour les soumettre à une poursuite publique et qui est sans doute de l'an 673 comme l'ensemble des réformes criminelles de Sulla dont elle fait partie (4) ; — ensuite trois édits qui partent de l'idée nouvelle d'injure pour régler son application dans certains cas : celui sur les injures que le maître peut recevoir par son esclave, principalement par suite de châtiments corporels infligés à l'esclave sans son assentiment, mais aussi d'autres faits que le préteur se réserve d'ap-

(1) L'auteur de la rhétorique à Herennius rapporte la première formule comme exemple de mauvaise définition, 2, 26, 41 : *Falsae sunt hujus modi (definitiones), si quis dicat injuriam esse nullam nisi quae ex pulsatione aut convicio constet* et la seconde comme exemple de définition correcte, 4, 25, 35 : *Injuriae sunt quae aut pulsatione corpus aut convicio aures aut aliqua turpitudine vitam cujusdam violant.* Labéon, D. 47, 10, 15, 3. 26, etc., ne fait donc que constater le triomphe d'une doctrine déjà émise avant lui tant en considérant comme un *edictum generale* le premier édit d'abord exclusivement relatif à l'injure corporelle qu'en disant que le *convicium* est une injure et que l'édit *ne quid infamandi* fait double emploi avec l'*edictum generale*.

(2) V. en ce sens, Pernice, pp. 24-26 ; Karlowa, p. 1330. MM. Ferrini, p. 233, et Huvelin, p. 105, n. 3, croient au contraire le 4e édit postérieur à la loi Cornelia. La première doctrine nous paraît mieux d'accord avec la définition de la Rhétorique à Herennius, 4, 25, 35. Au reste ce point est indifférent pour la question que nous voulons traiter.

(3) Ulpien, *56 ad ed.*, D. 47, 10, 5, *pr.*; *Inst.*, 4, 4, 8.

(4) Cf. Hitzig, *Injuria*, pp. 72-79 ; *Schweitzerische Zeitschrift*, p. 222 ; Mommsen, pp. 803-804; Ferrini, pp. 234-235.

précier, celui sur l'action noxale d'injures donnée contre la personne qui a l'auteur de l'injure en sa puissance et celui sur le droit d'agir en personne du fils de famille injurié dont le père est absent sans représentant, édits parmi lesquels celui sur l'action noxale ne paraît pas encore exister au temps du fragment d'Este et de la loi Julia de 709 (1) et celui sur le droit d'agir du fils doit être postérieur à la loi Cornelia *de injuriis* de 673 des règles de laquelle il s'inspire (2), mais qui sont déjà tous trois connus de Labéon et qui appartiennent donc tous trois à la fin extrême de la République (3), comme sans doute un huitième

(1) Comme on l'a déjà remarqué depuis longtemps (Mommsen, *Hermes*, 16, 1882, p. 40; Girard, *N. R. Hist.*, 1890, p. 700; Hitzig, *Injuria*, p. 83), cela résulte de la façon différente dont les deux textes s'expriment au sujet de l'action *furti*, en excluant le cas où elle est donnée comme noxale, et de l'action *injuriarum*, sans réserve symétrique. Sur le régime antérieur, cf. Hitzig, pp. 83-85.

(2) Le fils injurié peut seul intenter l'action publique d'injures, dans le système de la loi Cornelia (Ulpien, *56 ad ed.*, D. 47, 10, 5, 6). Cela a pu donner au préteur l'idée de lui permettre d'intenter aussi, quoique dans une mesure plus étroite, l'action privée d'injures. En dehors de cette imitation, on ne comprendrait pas parfaitement pourquoi le préteur aurait fait cette innovation par un édit spécial rapporté chez Ulpien, 57 *ad ed.*, D. 47, 10, 17, 10, plutôt en matière d'injures qu'ailleurs. — La postériorité à la loi Cornelia de l'édit sur les injures aux esclaves serait pareillement établie, si on admettait avec M. Mommsen, p. 791, n. 3, que cet édit ait eu pour but de compléter la loi ; elle nous semble au moins vraisemblable.

(3) Edit sur les injures aux esclaves : Ulpien citant Labéon, D. 47, 10, 15, 39 (p. 263, n. 2). Ulpien, citant Labéon, Trebatius et Mela, sans doute d'après Labéon : D. 47, 10, 17, 2 (p. 263, n. 4). Il paraît également antérieur à la loi Julia *de vi privata*, de César ou d'Auguste d'après le langage de Labéon cité par Paul, *55 ad ed.*, Lenel, 687, D. 48, 7, 4, 1. — Action noxale : Ulpien citant Labéon : D. 47, 10, 17, 7. — Pour l'action du fils, nous n'avons pas de témoignage aussi direct; mais elle aussi était évidemment déjà connue au temps de Labéon ; car sans cela il n'aurait pas eu, comme il le fit d'après D. 43, 24, 13, 2, à contester l'extension doctrinale du système à l'interdit *quod vi aut clam*, qui fut admise par Sabinus d'après D. 43, 24, 19 (Ulpien, *57 ad ed.* : Lenel, 1367, relatif à l'injure, donc au sujet du droit du fils d'agir *suo nomine* comme dans l'action d'injures, et

et dernier édit sur le *contrarium injuriarum judicium* donné selon Gaius à la personne injustement poursuivie de ce chef; car l'activité créatrice du préteur s'arrête à peu près entièrement après cette date; — enfin, sous Hadrien, le titre *de injuriis* de l'édit codifié par Julien, rassemblant sous la notion commune d'injure les huit édits et leurs formules, en suivant, pour les sept premiers, desquels seuls parlent les commentaires qui noùs ont été conservés, l'ordre même où je les ai énumérés (1).

Les grands traits de ce développement sont aujourd'hui, je crois, définitivement établis. Mais il est un point de la matière sur lequel on ne me paraît pas avoir encore tiré des sources tout ce qu'elles peuvent donner. C'est celui des autorités qui statuent *in judicio* sur l'action d'injures estimatoire donnée entre citoyens par le préteur urbain (2). Le récit de

non pas *alieno nomine* en qualité de représentant du père, dont il était question à un autre endroit des commentaires).

(1) V. Lenel, *Édit perpétuel*, tr. fr., 2, pp. 131-137. L'enchaînement des fragments qui nous ont été conservés d'Ulpien, *57 ad ed.* : Lenel, 1339-1369, suffit à lui seul à établir l'ordre des sept premiers édits.

(2) C'est ainsi qu'il faut, à notre sens, poser la question pour éviter les confusions désastreuses dans lesquelles on tombe nécessairement quand on indique pêle-mêle, ainsi qu'on fait le plus souvent, les textes relatifs aux récupérateurs des procès civils et administratifs, à ceux nommés par les préteurs de Rome, par les gouverneurs de province ou par les magistrats municipaux, à ceux des procès entre citoyens et des procès où figurent des étrangers. Si l'on peut parfois argumenter utilement des uns aux autres, c'est à condition de les avoir d'abord rigoureusement classés tous dans leurs catégories distinctes. A nous en tenir aux procès civils organisés par les magistrats de l'État, on ne peut conclure des procès organisés par le préteur pérégrin entre citoyens et étrangers ni des procès organisés en province par le gouverneur à ceux organisés entre citoyens à Rome, ni réciproquement; car le champ d'activité des récupérateurs dans les trois domaines est absolument différent. Dans les procès de Rome entre citoyens, ils sont, en face de l'*unus judex*, une exception dont on ne voit pas trace avant l'introduction de la procédure formulaire; dans ceux où figurent les pérégrins, ils sont à l'inverse, une règle à laquelle on ne connaît pas de dérogation avant l'introduction de la même procédure (après, v. par ex. Gaius, 4, 37); dans les procès organisés en province par le gouverneur, sans exclure entièrement

son établissement la représente comme déférée à des récupérateurs dont il est encore ailleurs question; en d'autres endroits, on la voit au contraire déférée à l'*unus judex*. Peut-on concilier ces textes d'apparence contradictoire? Est-il possible de déterminer, d'une manière ou d'une autre, le champ d'activité des deux autorités? C'est le problème qui ne nous semble pas avoir encore été résolu et dont la solution nous paraît cependant pouvoir être obtenue par un dépouillement méthodique des textes analogue à celui par lequel on a restitué l'histoire véritable du délit d'injures.

I

Les textes qui s'expliquent incidemment ou directement sur le caractère des juges saisis de l'action d'injures et dont il est d'autant plus opportun de donner immédiatement la liste qu'on ne la trouve, à notre connaissance, nulle part, sont au nombre d'une douzaine environ.

l'*unus judex* ni entre citoyens, ni même entre citoyens et pérégrins (v. par ex. Cicéron, *In Verr.*, 2, 3, 14, 35), ils sont compétents entre citoyens dans des procès qui seraient renvoyés à Rome à l'*unus judex* (v. par ex. l'action *quod metus causa*, *In Verr.*, 2, 3, 65, 152) et ils sont regardés comme les juges de droit commun (Gaius, 1, 20; cf. l'emploi de *recuperator* au sens général de juge dans les auteurs provinciaux, Apulée, *De mundo*, 35, et Lactance, *Inst. divinae*, 3, 20, 16-17). — Ici, sauf un texte (p. 263, n. 2), qui se rapporte peut-être à la justice municipale où la compétence des récupérateurs est, à notre avis, plus obscure que partout ailleurs (on peut noter que les sources n'y attestent l'exclusion des récupérateurs dans aucun des cas où ils sont compétents entre citoyens à Rome et y attestent leur présence dans des cas où leur compétence n'est pas signalée à Rome; mais c'est là un simple fait matériel, dont nous ne voyons présentement la possibilité de tirer aucune conclusion théorique), tous nos textes sont relatifs à la justice rendue à Rome entre citoyens. Mais il n'en est pas moins nécessaire de préciser les termes de la question que nous étudions, parce que les solutions que nous proposons pour les procès de Rome entre citoyens, ne pourraient pas, à notre sens, être transportées sans modifications aux autres catégories de procès civils.

Un premier groupe de trois textes se rapportant à l'époque qui va de l'introduction de la procédure formulaire à la dictature de Sulla comprend : un passage de Labéon cité par Aulu-Gelle, 20, 1, 13, selon lequel les préteurs qui abolirent les peines fixes des XII Tables déclarèrent dans leurs édits qu'ils donneraient des récupérateurs pour estimer les injures (1) ; un texte du traité de rhétorique de Cicéron, cité ordinairement sous le titre *De inventione*, 2, 20, 59, qui mentionne les récupérateurs à propos d'une injure corporelle, d'une main coupée (2); un texte de la Rhétorique à Herennius, 2, 13, 19, qui nomme à deux reprises le *judex unus* au sujet d'injures verbales émanant d'un acteur en scène (3).

Les autres textes, qui désignent tous le juré par le mot *judex*, sont des passages de jurisconsultes du Principat qui nous sont parvenus, soit dans les compilations de Justinien, soit par des voies indépendantes. Ce sont deux textes de Gaius, *Inst.* 3, 224 (4), et d'Ulpien, *Collatio*, 2, 2,1 (5), qui en parlent à

(1) Aulu-Gelle, 20, 1, 13 : ... *Propterea, inquit (Labeo), praetores postea hanc abolescere et relinqui censuerunt injuriisque aestimandis recuperatores se daturos edixerunt.*

(2) Cicéron, *De inventione*, 2, 20, 59 :... *Cum ad vim faciendam quidam armati venissent, armati contra praesto fuerunt, et cuidam equiti Romano quidam ex armatis resistenti gladio manum praecidit. Agit is, cui manus praecisa est, injuriarum. Postulat is, quicum agitur, exceptionem : extra quam in reum capitis praejudicium fiat.* 60... *Quaestio est : Excipiendum sit an non. Ratio : Non enim oportet in recuperatorio judicio ejus maleficii de quo inter sicarios quaeritur praejudicium fieri.*

(3) *Auct. ad Her.*, 2, 13, 19 ... *C. Caelius judex absolvit injuriarum eum, qui Lucilium poetam in scena nominatim laeserat, P. Mucius eum, qui L. Accium poetam nominaverat, condemnavit.*

(4) Gaius, *Inst.*, 3, 224 : *Permittitur enim nobis a praetore ipsis injuriam aestimare, et judex vel tanti condemnat quanti nos aestimaverimus, vel minoris, prout ei visum fuerit. Sed cum atrocem injuriam praetor aestimare soleat... judex quamvis possit vel minoris damnare, plerumque tamen propter ipsius praetoris auctoritatem non audet minuere condemnationem.*

(5) *Collatio*, 2, 2, 1 : *Ulpianus, libro singulari regularum sub titulo de injuriis : Injuria si quidem atrox, id est gravis [non] est, non sine judicis arbitrio aestimatur.*

propos de l'estimation de l'injure ; un autre des Sentences de Paul, 5, 4, 7, qui le fait au sujet de l'action noxale d'injures (1), puis, au Digeste, au titre *De injuriis*, cinq fragments extraits des commentaires sur le titre *De injuriis* de l'édit prétorien : trois qui nomment le *judex* à propos des injures faites aux esclaves : le fr. 15, § 39 d'Ulpien (2), le fr. 16, de Paul, citant Pedius (3), et le fr. 17, § 2 d'Ulpien citant Labéon, Trebatius et Mela (4), et deux qui le font au sujet de l'action noxale d'injures : les §§ 5 et 6 du fr. 17 d'Ulpien (5); enfin, toujours au

(1) Paul, *Sent.* 5, 4, 6 : *Injuriarum actio aut lege aut more aut mixto jure introducta est... 7. Moribus, quotiens factum, pro qualitate sui arbitrio judicis aestimatur* [Huschke insère avec raison *aut*] *congruentis poenae supplicio vindicatur.* Cf. sur l'action noxale la n. 5.

(2) D. 47, 10, 15, 39 : Ulpien, *lib.* 57 (la Florentine, 77) *ad ed.* : Lenel, 1356 : *Unde quaerit Labeo si magistratus municipalis servum meum loris ruperit, an possim cum eo experiri, quasi adversus bonos mores verberaverit, et ait judicem debere inquirere quid facientem servum meum verberaverit : nam si honorem ornamentaque petulanter adtemptantem ceciderit, absolvendum eum.* Nous aurions peut-être dû éliminer ce texte parce qu'il se rapporte à une poursuite contre un magistrat municipal; nous le reproduisons pourtant parce qu'il n'est pas sûr que cette poursuite soit déférée aux magistrats municipaux plutôt qu'à ceux de Rome et parce que, la compétence des récupérateurs étant notoirement au moins aussi large dans les municipes qu'à Rome, il peut fournir un argument pour Rome (p. 260, n. 2).

(3) D. 47, 10, 16 : Paul, *lib.* 55 (la Florentine 45) *ad ed.* : Lenel, 686 : *Sed non esse aequum pro majore parte, quam pro qua dominus est, damnationem fieri Pedius ait : et ideo officio judicis partes aestimandae erunt.*

(4) D. 47, 10, 17, 2 : Ulpien, 57 *ad ed.* : Lenel, 1359 : *Servus meus opera vel querella tua flagellis caesus est a magistratu nostro. Mela putat dandam mihi injuriarum adversus te, in quantum ob eam rem aequum judici videbitur, et si servus decesserit, dominum ejus agere posse Labeo ait, quia de damno, quod per injuriam factum est, agatur. Et ita Trebatio placuit.*

(5) D. 47, 10, 17, 5. 6. Ulpien, 57 *ad ed.* Lenel, 1360 : 5. *Ait praetor : « arbitratu judicis » : utique quasi boni viri, ut ille modum verberum imponat.* 6. *Si ante judicem dominus verberandum servum exhibuerit, ut satis verberibus ei fieret, et erit factum arbitratu alicujus, postea actor injuriarum agere perseverat, non est audiendus : qui enim accepit satisfactionem injuriam suam remisit. Nam et si nuda voluntate injuriam remisit, indu-*

Digeste, au titre *De injuriis*, fr. 37, § 1, un extrait des Insti-

bitate dicendum est extingui injuriarum actionem non minus, quam si tempore abolita fuerit injuria. A la vérité ces deux textes seraient étrangers au juré de l'action d'injures selon l'interprétation du § 6 proposée par M. Appleton, *R. gén. de droit*, 24, 1900, p. 231, n. 4 et par M. Karlowa, p. 1170. A notre sens, venant après le § 4, dans lequel Ulpien a décrit l'action noxale arbitraire d'injures où le juge doit condamner le défendeur à l'amende ou à l'abandon noxal, à moins que le défendeur n'ait livré l'esclave pour être châtié selon l'appréciation dudit juge, et après le § 5, dans lequel Ulpien commente les mots *arbitratu judicis* de l'édit promettant la formule arbitraire, le § 6 signifie que, si le maître a produit son esclave pour être corrigé avant qu'un juge fût saisi (M. Lenel, *Edit*, 2, p. 136, restitue avec les Basiliques, *ante judicium*, ce qui est exact quant au sens, mais ce qui nous paraît superflu parce qu'on rencontre *ante arbitrum* dans la même acception chez Labéon, *D.* 33, 2, 31) pour satisfaire l'injurié (*ei*, qui avait donc été mentionné auparavant par Ulpien dans un passage coupé par les compilateurs), et que cela ait eu lieu sur l'appréciation de quelqu'un (*arbitrio alicujus*), on ne permettra plus ensuite à l'injurié d'intenter l'action. C'est une solution qui se rapporte à un cas de transaction et qui n'est en aucune contradiction avec la conception de l'action noxale d'injures présentée par M. Lenel, *Ed.* 2, p. 136 et admise par ex. par moi, *Manuel*, pp. 676, n. 2, 1016, n. 3 et par M. Hitzig, p. 83, n. 1. Au contraire MM. Karlowa et Appleton partent tous deux du § 6 pour contester l'existence de cette action arbitraire, en soutenant : M. Karlowa que, d'après notre texte, c'était *in jure*, avant la *litis contestatio* que le maître était mis dans l'alternative, ou de défendre à l'action noxale ou de livrer son esclave pour un châtiment qui lui était infligé par un juge extraordinaire commis *ad hoc* auquel se rapporteraient les mots *ante judicem* et *alicujus*, corruption de *illius*; M. Appleton également que la *verberatio* aurait lieu en dehors de l'action noxale, mais qu'elle serait prescrite par le magistrat lui-même, par le préteur qui, dit-il, est souvent désigné du nom de *judex*. Mais ces interprétations nous paraissent inacceptables, la première à cause de la substitution d'*illius* et de sa traduction d'*ante*; la seconde à cause à la fois de cette substitution, de cette traduction et de sa traduction propre de *judex*. 1° *Judex* ne peut désigner le magistrat, le préteur; car l'emploi du mot dans cette acception, qui eût été sous la procédure formulaire en discordance absolue avec la distinction fondamentale du magistrat et du juge, y est en conséquence aussi étranger aux jurisconsultes qu'il est familier aux empereurs chrétiens. Le texte d'Ulpien, D. 11, 7, 14, 1, invoqué par M. Appleton qui désigne les aliénations autorisées par le préteur comme faites *auctore judice*, ne prouverait pas que le mot *judex* ait été employé à titre indépendant pour viser le préteur, quand

tutes écrites par Marcien après la mort de Caracalla, qui nomme encore le *judex* au sujet de l'estimation de l'injure (1).

bien même il attesterait qu'on ait englobé les aliénations autorisées par le préteur dans une formule d'ensemble relative aux aliénations autorisées par justice ; mais il est très douteux que cette expression ait jamais été employée pour les aliénations autorisées par le préteur ; car, en prenant le relevé complet des textes de jurisconsultes employant le mot *auctor* que nous avons aujourd'hui dans le *Vocabularium jurisprudentiae Romanae*, I, pp. 513-514, on voit que, si des textes multiples parlent d'actes faits *auctore praetore*, il n'y a que ce fr. à employer dans ses deux versions, D. 11, 7, 14, 1 et 50, 17, 137, l'expression *auctore judice* que les auteurs du *Vocabularium* soupçonnent en conséquence d'avoir été mise par les compilateurs à la place d'*auctore praetore*. 2° La substitution d'*illius* à *alicujus*, proposée par M. Mommsen, que M. Appleton indique entre parenthèses et qui est également indispensable à son système et à celui de M. Karlowa, est une conjecture contraire à la traduction des Basiliques et à tous les manuscrits. 3° Les deux systèmes entendent *ante*, au sens archaïque de devant, où l'on dit, surtout pour des choses : *ante aedes*, *ante portas*, et non au sens usuel d'avant. C'est impossible non seulement en face des Basiliques qui traduisent : avant le procès, mais en face des dépouillements méthodiques de la langue juridique et même de la langue latine tout entière contenus aujourd'hui au mot *ante* dans le *Vocabularium*, I, pp. 461-466 et dans le *Thesaurus linguae Latinae*, II, pp. 127-137. Ils établissent qu'*ante* au sens de devant une personne, se rencontre, quoique fort rarement, chez les auteurs littéraires, mais qu'il n'y en a pas un exemple chez les jurisconsultes, et en conséquence les deux dictionnaires interprètent notre texte dans le sens d'avant (*Thesaurus*, II, p. 135. *Vocabularium*, I, p. 461).

(1) D. 47, 10, 37, 1, Marcien, *14 institutionum*, Lenel, 162 : *Etiam ex lege Cornelia injuriarum actio civiliter moveri potest condemnatione aestimatione judicis facienda*. Ce texte serait étranger à notre question, si, comme on l'a souvent pensé autrefois, il se rapportait au montant de la condamnation dans l'action de la loi Cornelia ; mais, dans l'action de la loi Cornelia, le tribunal qui est un conseil du type de ceux des *quaestiones*, à la composition duquel se rapporte Ulpien, *56 ad ed.* (Lenel, 1337), D. 47, 10, 5, *pr.*, et non pas un juge, n'a pas l'appréciation du montant de l'amende, qui est fixé autrement, par le demandeur d'après M. Mommsen, *Strafrecht*, p. 804, n. 4, par la loi elle-même, d'après M. Hitzig, pp. 76-77. Ainsi que l'a démontré M. Hitzig, p. 75, ce que veut dire Marcien, c'est qu'on peut agir *civiliter*, par l'action prétorienne d'injures où l'estimation sera faite par le juge, même en vertu des faits qui permettaient d'agir *criminaliter* par l'action de la loi Cornelia, ce qui d'ailleurs n'avait pas toujours été vrai (p. 279, n. 1).

Un autre texte du titre *De injuriis* où se trouve le terme *judex*, le fr. 5, § 11, d'ailleurs interpolé, d'Ulpien, est étranger à notre question, parce qu'il se rapporte à la loi Cornelia *de injuriis* (1). Nous considérons comme également étrangers à notre sujet un passage de Juvénal, *Sat.* 16, vers 8 30, qui parle de jurés au singulier et au pluriel, à propos d'injures par voies de fait commises par des militaires, mais où il s'agit d'un délit public puni par la justice criminelle du camp et non d'un délit privé réprimé par l'action prétorienne d'injures (2), et un passage d'Horace, *Sat.*, 2, 1, vers 80-86, où il

(1) D. 47, 10, 5, 11, Ulpien, *56 ad ed.* Lenel, 1338 : *Et ei qui indicasset, sive liber sive servus sit, pro modo substantiae accusatae personae aestimatione judicis praemium constituitur, servo forsitan et libertate praestanda. Quid enim si publica utilitas ex hoc emergit?* Sur l'interpolation, v. Ferrini, p. 237, n. 3.

(2) Juvénal, *Sat.*, 16, sur les avantages du métier de prétorien, 8-19 :

Haud minimum illud erit, ne te pulsare togatus
audeat, immo etsi pulsetur, dissimulet nec
audeat excussos praetori ostendere dentes
et nigram in facie tumidis livoribus offam
atque oculum medico nil promittente relictum.
Bardaicus judex datur haec punire volenti
calceus et grandes magna ad subsellia surae
legibus antiquis castrorum et more Camilli
servato, miles ne vallum litiget extra
et procul a signis. Justissima centurionum
cognitio est igitur de milite, nec mihi derit
ultio, si justae defertur causa querellae.

29-30 :

« Da testem » judex cum dixerit, audeat ille
nescio quis pugnos qui vidit, dicere « vidi ».

Ce texte est ordinairement entendu, par ex. encore par Mommsen, *Strafrecht*, p. 288, n. 2, trad. Duquesne, 1, 1907, p. 337, n. 4, d'une plainte adressée par le particulier battu aux supérieurs hiérarchiques du soldat et jugée disciplinairement par son centurion. Mais M. Lenel, dans une note de l'éd. de Juvénal de Friedlaender, 2, 1895, pp. 594 et 595, a objecté que ce ne sont pas les centurions, mais les chefs hiérarchiques, préfets du prétoire et tribuns de cohorte qui devraient infliger ces peines disciplinaires (D. 49, 16, 12, 2), et il entend le texte d'une action d'injures estimatoire justiciable

est question de *jus*, de *judicium* et de *judex* à propos d'écrits diffamatoires, mais où, à la différence des mots *jus* et *judicium* qui visent l'action privée d'injures, l'expression *judex* se rapporte au prince et non au juré civil (1).

II

Les trois premiers textes donnent une vue assez claire d'au moins un coin du tableau.

du préteur urbain que le particulier battu n'oserait pas intenter parce que le préteur, à raison de deux privilèges des militaires révélés par le texte et relatifs au juré et au lieu du jugement des actions pénales intentées contre eux, donnerait alors pour *judex* un centurion siégeant au camp. S'il s'agissait en réalité de l'action privée d'injures, on pourrait se demander si la *cognitio centurionum* au pluriel et plus haut les *magna subsellia* ne devraient pas plutôt faire penser à des jurés multiples, donc aux récupérateurs. Mais le texte est, à notre avis, étranger à la justice civile, attendu qu'au temps de Juvénal, qui vivait sous Trajan et Hadrien (Teuffel, *Gesch. d. römisch. Literatur*, 1, 5e éd., 1890, § 331 ; Schanz, *Gesch. d. römisch. Literatur*, 2, 2e éd., 1901, pp. 167-175), l'action civile d'injures n'existe plus au cas de *pulsatio* qui donne uniquement lieu à l'action criminelle de la loi Cornelia depuis le temps de Sulla jusqu'à celui de Caracalla (p. 279, n. 1). Si donc ils existaient, les deux privilèges des soldats admis par M. Lenel, se rapporteraient à l'action criminelle de la loi Cornelia avec laquelle du reste s'accorderaient fort bien tant l'introduction de la demande devant le préteur (comme dans la *quaestio de vi*; cf. Mommsen, *Strafrecht*, p. 804) que les *subsellia*.

(1) Horace, *Sat.*, 2, 1, 80-86 :

> *Sed tamen ut monitus caveas, ne forte negoti*
> *incutiat tibi quid sanctarum inscitia legum :*
> *si mala condiderit in quem quis carmina, jus est*
> *judiciumque. — Esto, si quis mala ; sed bona si quis*
> *judice condiderit laudatus Caesare ? si quis*
> *opprobriis dignum latraverit, integer ipse ?*
> *— Solventur risu tabulae, tu missus abibis.*

C'est comme on voit, le passage où M. Erman, Z. S. *St.*, 17, 1896, p. 334, a cru, non sans motif, apercevoir une allusion à la formule écrite de l'action. V. en dernier lieu, Brassloff, Z. S. *St.*, 27, 1906, pp. 210-226, chez qui l'on trouvera un relevé complet des interprétations proposées.

Dans celui qui nous fait remonter le plus haut à travers le passé de l'action d'injures estimatoire, dans celui de Labéon cité par Aulu-Gelle selon lequel les préteurs qui créèrent l'action promirent de la renvoyer à des récupérateurs (*praetores... injuriisque aestimandis recuperatores se daturos edixerunt*), on peut entendre le pluriel *praetores* soit des préteurs consécutifs de plusieurs années successives, soit plutôt des deux préteurs urbain et pérégrin; mais, en tout cas, il comprend le préteur urbain. Par conséquent, il atteste que les récupérateurs ont été appelés à statuer sur l'action d'injures du premier édit, non seulement dans les procès de Rome où figuraient des pérégrins, pour lesquels l'action fut d'abord instituée et où la compétence des récupérateurs était le droit commun, mais pour les procès de Rome entre citoyens, où la substitution des jurés multiples à l'*unus judex* de l'injure des XII Tables fut sans doute singulièrement facilitée par la présence dans l'édit pérégrin d'une action d'injures récupératoire qu'on n'eut qu'à transporter en bloc d'un édit dans l'autre (1).

Le passage du *De inventione* donne, après la règle abstraite, l'exemple concret : une histoire de rixe dans laquelle un chevalier romain avait eu la main coupée et où l'on agitait la question de priorité entre l'action privée d'injures et la poursuite publique en invoquant en faveur de la première le caractère accéléré des procès déférés aux récupérateurs. Le temps de l'anecdote n'est pas spécifié. Mais, l'action privée étant intentée par une formule dans laquelle on veut insérer

(1) La même chose a eu lieu pour l'action *damni vi dati*, qui fut créée, dit Cicéron, *Pro Tullio*, 4, 8, par M. Lucullus, préteur pérégrin en 678, d'après Asconius, éd. Kiessling et Schœll, p. 75, et qui a passé, avec ses récupérateurs, dans les procès de la compétence du préteur urbain, en l'an 682 ou 683, date du *Pro Tullio*. Cf. Girard, *Manuel*, p. 414, n. 2. Cela ne veut naturellement pas dire que l'emploi des récupérateurs n'ait pas, en matière d'injures, les avantages finement relevés par M. Hitzig, pp. 63-64. Mais le rôle décisif nous paraît, ici comme dans bien d'autres cas de l'histoire juridique, avoir appartenu aux circonstances accidentelles plutôt qu'à la réflexion consciente.

une exception et le traité *de inventione* ayant été écrit par Cicéron dans sa prime jeunesse, dans les années qui précèdent la dictature de Sulla (1), elle se place entre l'introduction de la procédure formulaire et cette dictature, et elle localise par contre-coup l'édit introductif du *judicium recuperatorium* entre ces deux dates, mais à une distance respectable de la seconde, si on réfléchit que, dans l'intervalle, la notion de l'injure purement corporelle, qui est encore celle de cet édit, a été remplacée par la notion moderne de l'outrage, déjà atteinte avant Sulla tant d'après la loi Cornelia que d'après les définitions citées qui y englobent avec les voies de faits le *convicium* ou même d'autres offenses.

Quant au dernier texte, il fournit au contraire un exemple ou plus exactement deux exemples d'intervention de l'*unus judex*. La Rhétorique à Herennius écrite, elle aussi, avant la dictature de Sulla et probablement après le septième consulat de Marius, donc entre 668 et 673 (2), rapporte les décisions contraires de deux juges, dont l'un avait absous et l'autre condamné un acteur à raison d'injures adressées du haut de la scène à une personne : une sentence d'un juge nommé C. Caelius qui avait absous l'insulteur du littérateur Lucilius entre l'an 623, où commence l'activité de Lucilius, et l'an 651, où il mourut (3), et une sentence de P. Mucius

(1) Cicéron, né en 648, l'a composé *pueris aut adulescentibus nobis*, dit-il, *De oratore*, 1, 2, 5. Cf. Teuffel, 1, § 177. Schanz, 1, 2e éd., 1898, p. 287.

(2) Elle est postérieure à l'an 668 à cause de l'allusion au 7e consulat de Marius, 4, 5, 68. Elle est antérieure à la réforme de Sulla de 673, moins encore à cause de l'allusion à l'organisation judiciaire antérieure qu'on a cru voir, 4, 35, 47, qu'à raison de son ignorance absolue de l'organisation judiciaire nouvelle. Cf. Teuffel, 1, § 162, n. 1; Schanz, 1, p. 389.

(3) Cf. Girard, *Organisation judiciaire*, 1, p. 174, n. 3 ; Huvelin, pp. 402-403. L'indice chronologique le plus ancien contenu dans les Satires de Lucilius, 26, 57, est une allusion à la censure de 623, et la mort du poète est placée en l'an 651 par la chronique de Jérôme-Eusèbe, éd. Schœne, 2, p. 133. V. Teuffel, 1, § 143, n. 1 et 4, et Schanz, 1, p. 111-112. M. Huvelin a cru pouvoir enfermer le procès entre des dates plus rapprochées en identifiant le juge C. Caelius avec C. Coelius Caldus, *tr. pl.* 647, *pr.* 655, *cos.* 660, séna-

Scaevola condamnant celui de l'auteur tragique M. Accius(1), pour laquelle la longue carrière d'Accius ne donnerait que des termes extrêmes assez éloignés, mais qui est antérieure à la dictature de Sulla, puisqu'elle est signalée dans la Rhétorique à Herennius, et même assez probablement à la sentence de Caelius non pas tant parce qu'elle est citée la seconde, que parce qu'elle paraît avoir introduit la jurisprudence qui a prévalu.

On a vu en conséquence une contradiction entre ce texte et ceux qui renvoient l'action d'injures à des récupérateurs, et on a essayé de la lever de différentes façons : ainsi, en partant d'une doctrine générale selon laquelle les mêmes actions seraient déférées au *judex* ou aux récupérateurs, selon le choix du magistrat (2), d'une autre dans laquelle le choix

teur au plus tôt en 648, qui n'aurait pu en conséquence juger le procès qu'entre 648 et 651. Mais, d'abord, à moins que M. Huvelin ne parle là sans le dire de la doctrine aujourd'hui bien discréditée, qui considérait les listes de jurés comme propres à la procédure criminelle, il nous semble faire une confusion; car ce n'est pas de sénateurs, mais de chevaliers que les listes des jurés ont été composées, sauf de rares intermittences dont aucune ne se place avant l'an 648, depuis la loi Sempronia de C. Gracchus jusqu'à Sulla, et par conséquent, si le juge Caelius était entré au Sénat en 648, c'est de 648 à 651 qu'il n'aurait pas pu être sur les listes. Ensuite, qu'il s'applique aux sénateurs ou aux chevaliers, ce procédé d'élimination ne nous paraît pas efficace, parce que, quand un rang est exigé pour figurer sur les listes, il ne semble pas l'être des jurés choisis par l'accord spontané des parties qui peuvent en conséquence être sénateurs quand les listes sont composées de chevaliers (Marius, pendant son consulat de 654, dans Plutarque, *Mar.*, 38), et chevalier quand les listes sont composées de sénateurs (Aquilius Gallus dans le procès de Quinctius et dans celui de Q. Roscius; C. Cluvius qui était également chevalier, *Pro Roscio com.*, 14, 43). Enfin, quoi qu'on ait cédé là comme ailleurs à la tentation de rapporter à des personnages historiques connus tout ce qui est dit de gens de même nom ou de nom analogue, rien ne prouve que le juge de notre procès que les mss. appellent *Caelius* par un *a* soit le tribun *Coelius Caldus* dont le nom de famille s'écrit par un *o*.

(1) Cf. Girard, *Organisation judiciaire*, 1, p. 174, n. 3; Huvelin, p. 403.

(2) Ce paraît bien avoir été la doctrine de Mommsen qui dit qu'en l'absence de loi expresse, le magistrat a le choix entre les deux espèces de jurés, et qu'en conséquence on rencontre le *judex unus* même dans les

viendrait des parties elles-mêmes(1), d'une autre où l'estimation seule appartiendrait aux récupérateurs (2), d'une dernière qui regarde les récupérateurs comme réservés aux injures atroces (3).

Aucune de ces conciliations n'est au fond satisfaisante : la première idée, qui est peut-être vraie dans d'autres matières (4), est certainement fausse pour l'édit de Labéon où les préteurs promettent de donner des récupérateurs, et non pas de donner un juge ou des récupérateurs ; la seconde, qui ne nous paraît guère mieux établie ailleurs (5), est fausse ici pour la

actions délictuelles, et qui renvoie aux exemples de *judex* et de récupérateurs donnés pour l'action d'injures par nos trois textes et Gaius, 3, 224 (*Römisches Strafrecht*, pp. 178-179 = tr. fr. 1, p. 207 ; cf. encore *Strafrecht*, p. 803, n. 5).

(1) Wlassak, *Römische Processgesetze*, 1, p. 107, n. 10 ; 2, p. 315.

(2) Cette idée est indiquée par Huschke, *Gaius*, p. 139, mais seulement pour une période primitive qu'il signale expressément, p. 140, comme terminée dans la première moitié du VIIe siècle.

(3) Cette idée, déjà indiquée accessoirement à la précédente pour expliquer le texte du *De inventione* par Huschke, *Gaius*, p. 138, n. 165, est considérée comme expliquant la coexistence générale du *judex* et des récupérateurs en matière d'injures par M. Eisele, *Beiträge zur römischen Rechtsgeschichte*, 1896, p. 52, n. 18 (cf. p. 63, n. 32).

(4) V. Mommsen, *Strafrecht*, p. 178, n. 5 = tr. fr. 1, p. 206, n. 3 ; Eisele, p. 61.

(5) V. contre cette doctrine qui a été brillamment développée par M. Wlassak, *Processgesetze*, 2, pp. 310-324, et que M. Lenel semble admettre au moins en partie, *Édit perpétuel*, 1, p. 29, n. 1, la solide discussion de M. Eisele, pp. 52-64. Il me semble qu'ici encore la méthode sûre est de ne pas mélanger les témoignages relatifs aux diverses catégories de récupérateurs. Or, en partant de là, le seul cas, à mon avis, où l'on trouve un droit d'option des parties est relatif à un procès entre citoyens et pérégrins agité en province : celui de l'édit de Verrès, reproduisant des édits antérieurs, qui, en matière de contestation entre *aratores* siciliens et *decumani* romains, disait que si l'un des plaideurs le demandait, le magistrat donnerait des récupérateurs au lieu de *judex* (Cicéron, *In Verr.*, 2, 3, 14, 31). Mais M. Wlassak lui-même reconnaît, p. 322, que l'on ne sait si cette clause se trouvait dans l'édit relatif aux citoyens de la ville de Rome, et la question ne se pose même pas, je crois, quand l'on remarque à quelle matière spéciale, exclusivement provinciale et même sicilienne, elle se rapporte.

même raison; la troisième ferait les procès récupératoires dont on célèbre toujours les avantages de célérité, être plus compliqués, partant plus longs que les autres; la quatrième oublie que les injures verbales seraient des injures atroces à cause de la publicité dans les deux exemples de Cicéron. Mais elles deviennent toutes superflues quand on se rappelle l'évolution historique de l'idée d'injures. La diversité de juges tient, ainsi que M. Hitzig a eu le mérite de l'apercevoir le premier [1], à la distinction primitive de l'injure et du *convicium*. Il n'y a pas d'antinomie; car l'édit de Labéon et l'exemple de Cicéron se rapportent à l'injure corporelle, et les exemples de la Rhétorique à Herennius se rapportent au *convicium* qui n'était pas regardé comme une injure au temps de l'édit qui l'a réprimé et qui, par suite, fut renvoyé par cet édit à l'*unus judex* duquel il est encore justiciable dans nos deux procès.

III

En somme, à l'époque qui se place entre l'introduction de la procédure formulaire et la dictature de Sulla, l'action d'injures estimatoire est renvoyée à des récupérateurs, au cas d'injures corporelles des XII Tables, et à l'*unus judex*, au cas de *convicium*. C'est un coin du tableau que l'on voit parfaitement; mais ce n'en est qu'un coin. Il reste à chercher à quelles autorités ont été déférées les actions des autres édits déjà existants alors ou rendus postérieurement, puis si les compétences établies alors par l'édit général et l'édit *de convicio* n'ont pas été remaniées par la suite, et enfin quel a été le régime définitif adopté par la codification de Julien.

Ces questions ne sont étudiées à l'aide des sources, ni même posées que chez très peu d'auteurs. En dehors des systèmes généraux déjà signalés qui admettent, sans dis-

(1) Hitzig, *Injuria*, p. 62.

tinction d'époque, soit le choix entre les deux catégories de jurés fait par le magistrat ou par les parties, soit la distinction entre l'injure atroce et l'injure simple, et qui apparaissent comme aussi inconciliables avec les textes du temps du Principat qu'avec ceux de la période de la République, nous ne voyons à citer que la monographie de M. Hitzig, l'Histoire du Droit romain de Karlowa et, enfin, les deux restitutions de l'édit de Julien de Rudorff et de Lenel, dont les auteurs ont été mis par la nature même de leur travail en face du point de savoir si les différents édits du titre *de injuriis* instituaient des récupérateurs ou un *judex*.

Rudorff(1), qui a entrepris de rétablir explicitement à peu près tous les édits et leurs formules, a par suite rencontré la question pour les sept édits dont parlent les commentaires; mais il ne l'a pas tranchée d'une façon très nette ni surtout très motivée. Il place entre parenthèses, après les termes *judex esto*, les termes *recuperatores sunto*, sans doute en partant du texte de Labéon, pour presque tous les édits, même pour celui sur le *convicium* où il n'y a de témoignage qu'en faveur du *judex*. Mais il écrit seulement *recuperatores sunto* pour l'édit sur les injures aux esclaves sans que l'on voie pourquoi, et *judex esto*, dans la formule de l'action noxale d'injures, sans doute à cause de D., 47, 10, 17, 5 : *Ait praetor : arbitratu judicis*. Cela conduirait à penser qu'il admet le *judex* dans ce dernier cas, les récupérateurs dans celui des injures aux esclaves, où cependant encore les seuls textes, ceux du Digeste, parlent de *judex*, et le concours dans les autres cas. Mais il ne donne pas d'arguments et il n'est pas sûr que toutes ses solutions soient parfaitement réfléchies.

M. Lenel, qui a été moins prodigue de reconstructions de formules hypothétiques et dont par conséquent les conclusions ne sont pas tout à fait aussi nettes, parle à plusieurs reprises du caractère de *judicium recuperatorium* de l'action

(1) Rudorff, *De jurisdictione edictum*, 1869, pp. 174-179.

d'injures [1]; en outre, dans ses explications concrètes du titre *de injuriis*, il paraît bien considérer l'action noxale d'injures comme déférée à l'*unus judex*, car il restitue la formule au singulier; il n'indique que les *recuperatores* pour l'*edictum generale* et, bien qu'il ne s'explique pas sur les autres édits, il doit encore admettre l'existence des récupérateurs dans d'autres cas; car il parle d'eux incidemment à propos de l'édit sur le droit d'agir du fils de famille [2].

M. Karlowa, qui se pose plus directement la question, ne la tranche qu'en partie et d'une manière peu motivée. Il admet l'existence des récupérateurs pour l'*edictum generale*, à cause du témoignage de Labéon et du procès du *De inventione*; il dit pour le *convicium* qu'il était probablement déféré à l'*unus judex*; il adopte pour l'édit *ne quid infamandi causa* où le préteur disait : *Uti quaeque res erit, animadvertam*, une idée selon laquelle le préteur se serait ménagé par cette formule le pouvoir d'accorder là selon les circonstances des récupérateurs ou un *judex;* il remarque que nous n'avons pas de témoignage sur les jurés de l'édit *de adtemptata pudicitia*; il ne s'explique pas sur les trois autres édits *de injuriis servorum*, *de noxali injuriarum actione* et sur le droit d'agir du fils, et il ne se demande même pas si les compétences n'ont pas pu changer avec le temps [3].

M. Hitzig [4], dont le travail nous paraît le plus satisfaisant sur ce point comme sur plusieurs autres de la matière, dit d'abord que les récupérateurs ont été établis uniquement pour les injures par voies de fait des XII Tables et que, lorsqu'on créa les autres délits du titre *de injuriis* pour lesquels il n'y avait pas les mêmes motifs d'accélération, on les a renvoyés à l'*unus judex*, sauf pourtant, semble-t-il,

(1) Lenel, *Édit perpétuel*, 1, pp. 27, 28, n. 6, 29, n. 1. Cf. le texte un peu différent de l'édition originale, *Edictum perpetuum*, pp. 20-21.

(2) *Édit perpétuel*, 2, pp. 131-137. Pas de différence notable à notre sujet avec l'édition allemande, pp. 320-325.

(3) Karlowa, *Römische Rechtsgeschichte*, 2, pp. 1331-1332.

(4) Hitzig, pp. 62-63. Cf. Huvelin, pp. 477-478.

dans sa pensée, l'édit sur l'*infamatio* pour lequel c'est lui qui a entendu l'expression *animadvertam* d'un choix entre le *judex* et les récupérateurs que se réserverait le magistrat: d'autre part, il estime qu'à l'époque classique le *judex* avait même pénétré dans le domaine de l'injure par voie de fait, en argumentant de Gaius qui parle toujours de *judex* et dans lequel ce serait, dit-il, un expédient misérable de vouloir se débarrasser de ce témoignage en entendant *judex* comme une désignation générique.

La solution précise est, à mon avis, dans les textes juridiques du Principat et dans l'histoire générale de la répression de l'injure.

Tous les textes juridiques que nous possédons parlent de *judex* et en face d'eux, on ne trouve aucune mention des jurés multiples sous le Principat ni même depuis la dictature de Sulla. C'est là un fait caractéristique, surtout quand on remarque que nous avons à ce sujet jusqu'à huit textes dont cinq au Digeste et trois conservés par des voies indépendantes. S'il ne nous en était parvenu qu'un, même par une source pure, on pourrait se demander si le mot *judex* n'y est pas employé au sens large où il vise les différentes catégories de jurés, ainsi que ce serait concevable par exemple pour celui de Gaius, 3, 224, dont l'auteur parle également ailleurs[1] de *judex* en visant les récupérateurs et aurait eu un motif particulier d'employer cette expression en un sens neutre en matière d'injure, si l'action avait continué de son temps à être déférée partie au *judex* et partie aux récupérateurs. On pourrait aussi objecter aux textes du Digeste qu'ils ont pu être interpolés, s'ils étaient peu nombreux ou si quelques-uns d'entre eux présentaient des indices de remaniements. Mais c'est tout le contraire. Nous avons huit témoignages concordants, dont trois n'ont pu être interpolés, et dont les cinq autres

(1) Gaius, 4, 46 : *Ceteras vero in factum conceptas vocamus, id est in quibus ... adjiciuntur ea verba per quae judici damnandi absolvendive potestas datur; qualis est formula qua utitur patronus...; nam in ea ita est : Recuperatores sunto*, etc.

ne présentent pas un vestige d'interpolation; dans aucun, nous n'apercevons une trace des récupérateurs, pas même ce pluriel *judices* par lesquels les compilateurs, réduisant leur travail au minimum, ont tant de fois remplacé mécaniquement le nom d'autorités siégeant en nombre multiple, non seulement des récupérateurs, mais des centumvirs, des consuls par exemple (1). Comment croire en face de cela que les récupérateurs aient encore existé? Il suffit, pour sentir la force de l'argument, de comparer avec les textes relatifs à la matière de l'injure ceux d'autres matières où les récupérateurs sont compétents sous le Principat. Ainsi la matière de la compétence des récupérateurs sur les jurés, de laquelle nous avons le plus d'informations, est peut-être, avec celle de l'injure, celle des procès de liberté, où les récupérateurs étaient compétents sous le Principat, à côté des magistrats extraordinaires, de l'*unus judex* et peut-être des centumvirs : l'activité des récupérateurs y est affirmée par un texte littéraire (2), par un texte épigraphique (3), et par au moins un texte du Digeste qui leur est sûrement relatif (4). Ici il n'est question que du

(1) Cf. en dernier lieu Seckel dans l'éd. revue et corrigée par lui de Heumann, *Handlexikon zur den Quellen des römischen Rechts,* 9e éd., 1907, p. 291, v° *Judex*, lettres A, a, bb.

(2) Suétone, *Domitianus*, 8 : *Recuperatores ne se perfusoriis adsertionibus accomodarent identidem admonuit.*

(3) *Oratio Claudii, B. G. U.* 611 (*Textes*, 3e éd., pp. 126-127), demandant qu'on exige des récupérateurs comme des jurés des listes l'âge de 25 ans, parce qu'il n'est pas inique d'empêcher de statuer sur les questions de liberté et de servitude ceux qui, à raison de la protection de la loi Plaetoria, ne sont pas aptes à conduire valablement leurs propres procès : *Neque enim inicum est, ut puto, hos [prohiberi caussas] servitutis [li]bertatisque judicare [qui vel ad li]tes suas agendas nihil legis Laetoriae [valeant a]uxilio.*

(4) D. 42, 1, 38. Paul, *17 ad ed.* Lenel, 267 : *Inter pares numero judices si dissonae sententiae proferantur, in liberalibus quidem causis, secundum quod a divo Pio constitutum est, pro libertate statutum optinet, in aliis autem causis pro reo. Quod et in judiciis publicis optinere oportet. Si diversis summis condemnent judices, minimam spectandam esse Julianus scribit.* A la vérité, on peut se demander, pour ce texte comme pour les autres du même groupe qui parlent des jurés multiples soit chez Paul, *17 ad ed.*

judex, même, croyons-nous, dans l'édit *ne quid infamandi fiat*, où le terme *animadvertam* n'empêcherait pas les récupérateurs d'avoir disparu sous le Principat s'ils n'existaient plus ailleurs, mais où, d'après les autres passages de l'Album dans lesquels le préteur emploie ce verbe (1), il ne paraît pas s'être réservé un choix entre deux catégories de jurés, mais une appréciation des circonstances avant la délivrance de l'action, comme il fait par exemple dans l'édit sur les in-

(D. 42, 1, 36 : Lenel, 266. D. 5, 1, 12, *pr.* : Lenel, 263), soit chez d'autres jurisconsultes, Marcellus *3 Dig.* (D. 42, 1, 37 : Lenel, 18), Celse, *3 Dig.* (D. 42, 1, 39 : Lenel, 23) s'ils se rapportent aux récupérateurs ou aux centumvirs. M. Lenel, qui les rapportait encore tous, sauf celui de Marcellus, aux récupérateurs dans sa *Palingenesia*, déclare aujourd'hui, *Édit*, 1, p. 28, n. 1, sous l'influence de l'art. *Centumviri* de M. Wlassak, Pauly-Wissowa, *Realencyclopädie*, 3, 2, 1899, p. 1948, que ceux d'entre eux qu'il retrouve là, D. 42, 1, 36 et 38, peuvent aussi bien se rapporter aux uns qu'aux autres, et on pourrait même croire trouver un argument en faveur des centumvirs dans un rétablissement de l'ordre des matières du livre 17 de Paul un peu plus complet que celui de la *Palingenesia*, en remarquant que, le fr. 12 : Lenel, 263, parlant dans son *pr.* des jurés multiples et dans ses §§ suivants des jurés uniques, Paul devait d'abord présenter au livre 17 des développements relatifs aux jurés multiples (Lenel, 266. 267. 263, *pr.*) et passer ensuite au juré unique dont traitent les §§ suivants du n° 263 et d'autres extraits du livre 17, et en expliquant cet ordre insolite par la prépondérance des centumvirs, par l'*auctoritas centumviralis judicii*. Mais il faut bien croire que le plan du livre 17 s'explique autrement, par ex. par l'attribution des n°s 266, 267, 263 *pr.*, à la fin d'une section et du n° 263, §§ 1 et s., et des n°s consécutifs à une autre section; car l'attribution du fr. 267 et par contre-coup vraisemblablement de tous les autres aux récupérateurs nous paraît établie par une raison décisive : c'est par la mention dans sa finale d'un désaccord sur le montant de la condamnation pécuniaire, désaccord qui ne peut se présenter chez les centumvirs qui n'ont jamais eu à prononcer de condamnation à une somme d'argent, mais seulement à déclarer si le *sacramentum* était *justum* ou *injustum* (ni même chez les jurés des *quaestiones* dont parle la phrase précédente et qui statuent seulement sur la culpabilité ou l'innocence de l'accusé pour procéder à une condamnation pécuniaire), qui ne peut, comme la condamnation pécuniaire, se rencontrer que chez les récupérateurs.

(1) Édit *de minoribus*, D. 4,4 1,1 (*Textes*, p. 135). Édit *de aleatoribus*, D. 11,5, 1, *pr.* (*Textes*, p. 138).

jures aux esclaves et dans celui sur le droit d'agir du fils (1).

Partout le *judex*, nulle part les récupérateurs : tel est le bilan de notre inventaire des textes juridiques, et il est d'autant plus impossible de regarder ce résultat comme un simple hasard tenant à un accident de la transmission qu'on peut discerner, dans l'histoire du délit d'injures, l'évènement qui a fait les récupérateurs disparaître du droit de la matière non seulement sous le Principat, mais au moment même où ils disparaissent des sources, à l'époque de la dictature de Sulla.

La compétence des récupérateurs, qui ne nous est attestée dans la période antérieure à Sulla qu'en matière d'injures réelles, que nous savons même avoir été exclue pour celui des outrages que l'on considéra comme le plus urgent à réprimer depuis, pour le *convicium*, qu'on ne dut pas davantage admettre pour les deux variétés d'outrages qu'on se décida encore à réprimer dans la même période, a disparu pour ainsi dire mécaniquement du droit des citoyens de la capitale le jour où la loi Cornelia *de injuriis* a supprimé les poursuites civiles pour les seules injures auxquelles elle s'appliqua entre citoyens de Rome, pour les injures réelles.

La loi Cornelia qui, en même temps qu'elle vise la violation de domicile par les mots *vi domum introire*, vise non pas certaines voies de fait, mais toutes les voies de fait, toutes les injures réelles par les mots *pulsare verberare* (2), n'a pas mis son action à la disposition des personnes injuriées à côté de l'action d'injures estimatoire. Elle l'a mise à la place, montrent les deux fragments d'Ulpien et de Marcien qui rapportent le

(1) C'est positivement établi pour l'époque d'Ulpien par l'interprétation qu'il donne de l'édit, *57 ad ed.* Lenel, 1333, D. 47, 10, 15, 28, en le désignant explicitement comme destiné à permettre au préteur de *non audire eum qui agit*, toutes les fois que cela lui paraîtra souhaitable. V. en ce sens Leonhard, p. 43.

(2) *Apparet igitur omnem injuriam quae manu fiat lege Cornelia contineri*, dit Ulpien, D. 47, 10, 5, *pr.*, en commentant la loi Cornelia dans son livre *56 ad ed.* : Lenel, 1337.

retrait de cette règle opéré par Septime Sévère ou Caracalla en disant : le premier, que l'on peut désormais (*hodie*), en vertu de la constitution, agir civilement à raison de toutes les injures, même des injures atroces (dont une partie notable était antérieurement exclue comme tombant sous le coup de la loi Cornelia) ; le second, que l'on peut, même pour les faits visés par la loi Cornelia, réclamer civilement l'amende arbitraire du droit privé au lieu de l'amende fixe du droit criminel (1).

En conséquence, en vertu de la loi Cornelia, il n'y a plus eu d'action d'injures estimatoire pour les injures corporelles (2). C'est pour cela que, dans les débris des commentaires de

(1) D. 47, 10, 7, 6, Ulpien, 57 *ad ed.* : Lenel, 1340 : *Posse hodie de omni injuria, sed et de atroci civiliter agi imperator noster rescripsit.* D. 47, 10, 7, 1, Marcien, *14 inst.* (p. 265, n. 1). Cette conception des deux textes a été, à notre connaissance, dégagée pour la première fois par M. Mommsen, *Strafrecht*, p. 804, n. 3. Cf. pourtant déjà sur le premier Schulting, *Jurisprudentia antejustinianea*, 1717, p. 440, n. 20. M. Ferrini, p. 235, pense que la loi Cornelia était seule applicable en droit au cas de *vi domum introire* et était seule appliquée, en fait, aux injures matérielles atroces pour lesquelles le préteur ne donnait pas de récupérateurs. L'*imperator noster* est Sévère ou Caracalla, selon que la mention faite de lui par Ulpien vient de la 1re édition de ses *libri ad edictum* qu'il écrivit sous Sévère ou de la 2e édition inachevée qu'il en fit sous Caracalla (v. à ce sujet en dernier lieu Jörs, dans Pauly-Wissowa, V, 1, 1903, v° *Domitius*, p. 1506, et déjà Mommsen, *Zeitschrift für Rechtsgeschichte*, 9, 1870, p. 101). M. Mommsen, *Strafrecht*, p. 804, n. 3, l'attribue à Sévère, M. Ferrini, p. 235, à Caracalla.

(2) Tout ce qu'on pourrait se demander, c'est si la suppression a été réalisée immédiatement par une disposition expresse de la loi ou plus ou moins rapidement par voie d'interprétation. La plupart des textes se plieraient également aux deux idées et on pourrait être tenté d'adopter la seconde pour expliquer notamment le texte de Paul, *Collatio*, 2, 6, 4, qui rapporte un fragment de la formule de l'action née de l'injure corporelle et surtout un texte du Digeste, 47, 10, 7, 1, *in fine*, selon lequel Labéon reconnaissait à l'homme libre blessé à la tête le droit d'intenter l'action d'injures, quoique le fait tombât sous le coup de la loi Cornelia *de sicariis*. Mais le développement d'ensemble nous paraît au contraire impliquer que l'édit sur l'injure corporelle et la formule corrélative avaient disparu de l'Album au temps de Paul et même à celui de Labéon. Il faut donc entendre autrement les

l'édit qui nous ont été conservés, on ne trouve ni le texte ni le commentaire de l'édit qui promettait l'action d'injures estimatoire au cas d'injure corporelle(1) : il a été effacé après la loi Cornelia. C'est pour cela que le premier édit du titre, l'*edictum generale*, comme on l'appelle désormais à bon droit(2), paraît n'avoir contenu qu'une clause sur la détermination et la *taxatio* de l'injure reproduite incomplètement au Digeste et plus complètement dans la *Collatio*(3) : elle y était d'abord à la suite de la promesse du *judicium* pour les cas de *verberatio* et de *pulsatio;* elle est restée seule en tête du titre, avec l'aspect d'une règle générale portée pour tout ce qui suivait, après que l'édit sur la *verberatio* et la *pulsatio* eut disparu. C'est pour cela aussi qu'on ne trouve, à cet endroit, dans les commentaires, à peu près aucun développement relatif aux injures par voies de fait(4) : les observations éparses

deux textes, comme nous faisons plus loin pour celui de la *Collatio* et comme il n'est pas non plus impossible de faire pour celui du Digeste, par exemple en admettant que l'action d'injures accordée par Labéon et refusée par Ulpien à cause de la loi Cornelia *de sicariis* était, chez Labéon, l'action de la loi Cornelia *de injuriis,* dont le nom peut avoir été effacé par Ulpien ou les compilateurs à cause de la réforme du IIIe siècle.

(1) Le fait est si manifeste qu'il a frappé M. Karlowa lui-même, qui, croyant l'édit toujours en vigueur, s'étonne, p. 1331, qu'il n'ait pas été conservé dans son contexte et que son commentaire manque également.

(2) La qualification lui convient parfaitement depuis qu'il ne contient plus la disposition visant les injures des XII Tables pour les renvoyer à des récupérateurs. Elle lui conviendrait très peu, si par exemple, au temps de Labéon, il commençait par cette disposition qui ne vise qu'une des catégories de faits rassemblés par le jurisconsulte sous la notion d'injure. Pour que Labéon le désigne, comme il fait, du nom d'*edictum generale* (D. 47, 10, 15, 26), il faut qu'il n'ait plus contenu alors que la disposition générale sur la spécification et la taxation de l'injure.

(3) D. 47, 10, 7, *pr.* Ulpien, 57 *ad ed.* Lenel, .1339 : *Praetor edixit :* « *Qui agit injuriarum, certum dicat, quid injuriae factum sit* ». *Collatio,* 2, 6, 1. Paul, *lib. singulari de injuriis, tit. quemadmodum injuriarum agatur : Qui autem injuriarum agit, certum dicat, quid injuriae factum sit, et taxationem ponat non minorem* (Huschke : *non majorem*) *quam quanti vadimonium fuerit.*

(4) C'est surtout vrai si l'on remarque qu'il n'y a aucune nécessité d'y

chez Ulpien et Paul[1] n'ont pu être mises là par eux qu'après la constitution de Caracalla et elles sont restées très brèves parce qu'ils ne trouvaient rien dans la littérature antérieure : il est même probable que la citation de la formule faite par Paul d'après la *Collatio*[2] ne se rapporte pas à l'Album du préteur urbain où la formule doit avoir été effacée avec l'édit corrélatif, mais qu'elle a été prise par lui dans quelque ouvrage la citant à propos de la loi Cornelia, ou mieux encore dans l'édit provincial qui ne doit pas avoir été touché par la loi Cornelia, la procédure des *quaestiones* étant étrangère aux provinces[3]. C'est pour cela encore que le passage de Juvénal

comprendre les textes qui mentionnent les voies de fait comme permettant de saisir le préteur (Ulpien, *57 ad ed.* Lenel, 1339, D. 47, 10, 7, 2); — car on va sans doute aussi bien devant lui pour intenter la poursuite en matière criminelle qu'en matière civile; — ou dans la définition tant de l'injure en général (Paul, *lib. sing. de injuriis*, Lenel, 881. *Coll.* 4, 2, 5; cf. les définitions de ses Sentences, 5, 4, 1; de Gaius, *Inst.*, 3, 220 et celle d'Ulpien, *56 ad ed.* Lenel, 1335, D. 47, 10, 1, 1) que de l'injure atroce (Ulpien, 57 *ad ed.* Lenel, 1340. D. 47, 10, 7, 8; 9 *pr.* 1. Paul, *55 ad ed.* Lenel, 681. D. 47, 10, 8; cf. encore les définitions d'Ulpien, *Reg. Coll.*, 2, 2, 1 et de Gaius, *Inst.*, 3, 225); — car la première définition est donnée sans acception de mode de poursuite et il paraît en être de même de la seconde, soit parce qu'elle jouait aussi un rôle en matière criminelle (poursuite de l'affranchi contre le patron de D. 47, 10, 7, 2, par ex. ?), soit parce qu'elle remontait, dans ses débuts doctrinaux, à une époque antérieure à la loi Cornelia (v. déjà Cicéron, *De inv.*, 12, 20, 60 : *Atrocitas injuriarum*); — ou comme ayant entraîné la mort de l'esclave (Ulpien, 57 *ad ed.* Lenel, 1339. D. 47, 10, 7, 1); — car alors il n'y a ni injure du premier édit, ni injure de la loi Cornelia, ni même peut-être injure de l'édit sur les esclaves, mais délit privé de la loi Aquilia et délit public de meurtre.

(1) Par ex. : Ulpien, 57 *ad ed.* Lenel, 1341 (D. 47, 10, 11, *pr.*) et 1349 (D. 47, 10, 15, 1); Paul, *lib. sing. de injuriis*, Lenel, 882 (*Coll.* 2, 6, 4), et peut-être *55 ad ed.* Lenel, 680 (D. 47, 10, 4).

(2) *Collatio*, 2, 6, 4 : *Sicut formula proposita est: Quod Auli Agerii mala pugno percussa est.*

(3) C'est pourquoi Verrès eut occasion d'édicter qu'il ne donnerait pas l'action d'injures de l'édit sur les voies de fait au Silicien Héraclius de Centuripae (Cicéron, *In Verr.*, 2, 2, 25, 66 : *Si quis eum pulsasset, edixit sese judicium injuriarum non daturum*). Ceux qui croient toujours, comme

sur les injures des militaires ne peut se rapporter à l'action d'injures estimatoire(1); car elle avait été supprimée aussi bien pour les militaires que pour les civils par la loi Cornelia : le renseignement d'ailleurs intéressant que semble fournir le texte, c'est que, pour les prétoriens, la *quaestio* était remplacée par un jury militaire siégeant au camp. Enfin c'est pour cela qu'il n'est plus question de récupérateurs en matière d'injures après la loi Cornelia : elle les avait écartés dans la seule variété d'injures où ils intervenaient alors et, quand on a ensuite constitué de nouvelles actions d'injures dans le domaine desquelles les voies de fait se trouvaient tout au moins comprises (injures aux esclaves; action noxale; action directe du fils), on n'a pas ressuscité pour elles les récupérateurs du vieil édit aboli par Sulla : on a renvoyé les nouvelles actions au *judex unus* qui était alors le juge de droit commun du délit.

En résumé les récupérateurs n'ont été compétents, à Rome entre citoyens en matière d'injures qu'au cas de voies de fait et pendant une période assez courte du VIIe siècle, et les deux textes qui parlent d'eux en la matière, celui d'Aulu-Gelle et celui de Cicéron, ne se rapportent qu'à cela. La grande célébrité du premier peut seule expliquer qu'on ait si longtemps pris cette compétence étroite et éphémère pour l'une des portions les plus importantes de l'activité des récupérateurs.

P. F. Girard,

Professeur à la Faculté de droit de l'Université de Paris.

nous, que Gaius était un jurisconsulte provincial, peuvent aussi expliquer par là que ses Institutes, à la différence de celles de Justinien, 4, 4, 8, ne disent rien de la loi Cornelia.

(1) Il en est de même de Sénèque, *De beneficiis*, 2, 35, 2 : *Negamus injuriam accipere sapientem : tamen qui illum pugno percusserit, injuriarum damnabitur. Damnabitur* peut, en lui-même, s'entendre indifféremment de la condamnation à l'amende fixe de l'action criminelle et de celle à l'amende arbitraire de l'action privée. Mais il se rapporte ici à la première, puisqu'à l'époque de Sénèque, l'action privée ne naît plus de la *pulsatio*.

IMPRIMERIE
CONTANT-LAGUERRE
LVX VITAM
BAR-LE-DUC

www.ingramcontent.com/pod-product-compliance
Ingram Content Group UK Ltd.
Pitfield, Milton Keynes, MK11 3LW, UK
UKHW020437220726
13923UKWH00005B/2196